La rentrée de la petite sorcière

Une histoire écrite par Thomas Scotto
illustrée par Jean-François Martin

LES BELLES HISTOIRES
BAYARD POCHE

Quand la petite sorcière est née, on ne voyait que son chapeau, un grand chapeau bleu.
Et pourtant tout le monde s'est émerveillé :

– Comme elle est maléfique* !

– Absolument dia-bo-lique !

– Tout le portrait de sa maman !

Bien sûr, chacun avait apporté un cadeau pour fêter sa naissance. C'est la tradition*. Il y avait là une citrouille à pédales, un balai apprivoisé, une baguette surprise et des bouquets d'orties pour ses parents.

* Ces mots sont expliqués page 30, n°s 1 et 2.

Le matin suivant,
la petite sorcière avait déjà grandi d'un mètre,
elle parlait et elle marchait parfaitement.
On grandit vite chez les sorcières !
Il était donc temps pour elle d'aller à l'école,
prendre des cours de sorcellerie.

Dans la famille, les grandes sorcières lui disaient :
– Tu vas voir, l'école, c'est très rigolo !
Tu auras des tas de copains,
tu vas apprendre à réciter des formules magiques,
à voler dans les airs, à changer la couleur des chats.
Tu vas apprendre plein de choses, dix mille choses !

La petite sorcière voulait bien apprendre à voler.
à réciter des formules magiques
et à changer les chats noirs en chats blancs.
Mais il y avait une chose qui lui faisait peur :
c'était de se retrouver
avec un tas de petites sorcières
et de petits sorciers
qu'elle ne connaissait même pas !
Elle tournait en rond en soupirant :
– Et, d'abord, je ne connais personne, moi,
dans cette école !

Une nuit donc
– les petits sorciers et les petites sorcières
ne vont à l'école que la nuit –,
la petite sorcière pose un pied dans la cour de l'école.
Soudain, une bande de petits sorciers
se met à la chahuter :
– Minus, minuscule ! Ton chapeau, il est trop grand !
La petite sorcière, ça ne lui plaît pas du tout.

À la sortie de l'école,
au moment où la lune est rousse,
la petite sorcière s'en va, très décidée :
– Zouit, zouit et carabistouille !
Il faut que je trouve quelqu'un
qui vienne à l'école avec moi,
quelqu'un pour jouer avec moi,
quelqu'un qui aime les mêmes choses que moi,
une petite sorcière qui me ressemble, quoi !
Mais comment trouver cette petite sorcière-là ?

De retour à la maison,
la petite sorcière s'assoit dans un coin sombre
pour feuilleter le Grand Grimoire des Sorcières.
On y trouve toutes les formules magiques,
même celle de la ratatouille trop cuite.
Soudain, la petite sorcière s'écrie :
– J'ai trouvé !
C'est la formule numéro soixante-six,
celle qui fait sortir son reflet* du miroir.
Il suffit de se mettre devant le miroir,
de faire une grimace moche,
mais vraiment moche, en récitant :
« Sansoucicésifacil d'être deux. »

* Ce mot est expliqué page 30, n° 3.

C'est ce que fait la petite sorcière.
Aussitôt, le miroir se met à toussoter,
à se tortiller, à cracher des étincelles.
Une petite sorcière pointe son chapeau bleu dehors,
et, d'un bond, elle sort tout entière.
« La formule a marché, on dirait »,
pense la petite sorcière.
Et pour vérifier, elle se frotte le bout du nez.
Et, en même temps, exactement,
la petite sorcière du miroir en fait autant.
La petite sorcière est très fière du résultat.
Maintenant, elle n'est plus toute seule :
elles sont deux !

La nuit suivante,
l’une derrière l’autre,
la petite sorcière
et la petite sorcière du miroir
enfourchent* un balai-tandem*
en tenant bien leurs chapeaux.
En route pour l’école !

* Ces mots sont expliqués page 31, nos 4 et 5.

À peine arrivées dans la cour de l'école,
elles aperçoivent le groupe des méchants petits sorciers,
très occupés à faire pleurer une nouvelle élève,
une petite sorcière au chapeau jaune.
– Eh, vous ! crie la petite sorcière, laissez-la tranquille !
Et, en même temps, exactement,
la petite sorcière du miroir en fait autant.
Le chef de la bande se retourne et se met à ricaner :
– Eh, vous, les minuscules, retournez chez vos mamans
Ici, on fait de la grande magie, pas du petit sortilège* !

* Ce mot est expliqué page 31, n° 6.

La petite sorcière au chapeau bleu
le regarde droit dans les yeux
et elle sort sa baguette.
En même temps, exactement,
la petite sorcière du miroir en fait autant.
Une bataille de sortilèges va commencer !
– Feu ! crie le chef de la bande.

Une pluie d'étincelles s'abat sur la cour de l'école.
Quelle pagaille !
Des éclairs de magie sifflent dans tous les sens.
La petite sorcière au chapeau bleu est très habile,
et la petite sorcière du miroir s'en donne à cœur joie.
À elles deux, elles changent
un premier petit sorcier en lézard à lunettes,
un deuxième en gâteau à la crème,
un troisième en bout de ficelle.
En quelques coups de baguette,
elles ont gagné la bataille de sortilèges !

Le chef des petits sorciers est bien obligé
de promettre de ne plus embêter personne
et d'être tout mignon.
La petite sorcière au chapeau jaune
s'approche timidement pour remercier
les deux petites sorcières au chapeau bleu.
– Quelle bataille ! dit-elle.
Et, toutes les trois, elles se mettent à rigoler très fort,
si fort que ça fait bouger leurs chapeaux !
Pour fêter ça, la petite sorcière au chapeau bleu
fait apparaître un grand feu d'artifice.
Et, en même temps, exactement,
la petite sorcière du miroir en fait autant.

La petite sorcière au chapeau bleu
commence à trouver un peu agaçant
d'avoir à côté d'elle un reflet qui fait tout le temps
les mêmes gestes qu'elle, au même moment.
Elle a plutôt envie de jouer
avec la petite sorcière au chapeau jaune.
Alors, comme si elle avait compris,
la petite sorcière du miroir
se met doucement à s'effacer.
C'est normal, elle n'est qu'un reflet.
La petite sorcière au chapeau bleu
n'a plus besoin d'elle, désormais.

Dès le lendemain,
la petite sorcière au chapeau bleu
et la petite sorcière au chapeau jaune
s'assoient côte à côte dans la classe.
La maîtresse les félicite souvent,
car elles sont très fortes
pour fabriquer des orages
ou faire chanter les araignées.
Puis, à chaque récréation,
elles jouent à
« Un, deux, trois... sorcière ! »
et à des tas d'autres jeux
qu'on peut faire seulement
quand on est deux !

Les mots de l'histoire

1. Quand on dit de quelqu'un qu'il est **maléfique**, c'est qu'il a le pouvoir de faire du mal, comme les sorcières dans les histoires.

2. Une **tradition**, c'est une habitude qui vient du passé et que l'on se transmet de père en fils.

3. Quand on se regarde dans une glace, c'est son **reflet** que l'on voit.

4. Quand on est sur un cheval ou sur un vélo, on l'**enfourche**, avec une jambe de chaque côté.

5. Le tandem est un vélo à deux places. Dans l'histoire, le balai remplace le vélo. Alors on l'appelle le **balai-tandem**.

6. Un **sortilège**, c'est un tour de magie, un sort que lance un sorcier pour attirer le malheur sur quelqu'un. Brrr...

Thomas Scotto est né en 1974 à Saint-Germain-en-Laye. Après avoir écourté de longues études de lettres modernes à Tours, il est devenu libraire. Il garde du temps pour s'occuper de ses deux filles... et écrire des histoires pour les enfants. Ses romans sont publiés aux éditions Actes Sud, Flammarion, Syros, Épigone et Bayard Jeunesse.

Jean-François Martin a fait l'école des Arts appliqués, puis il est entré à Bayard Presse comme graphiste. C'est là qu'il s'est mis tout naturellement à dessiner pour les enfants.

Du même illustrateur dans Bayard Poche :
Marion la jalouse - Le facteur du ciel (Les belles histoires)
Le piège de la rose noire (J'aime lire)

Troisième édition

Dépôt légal : juin 2003
Loi du 16 juillet 1949 sur les publications destinées à la jeunesse

Achevé d'imprimer en juin 2003 par Oberthur
35 000 RENNES – N° Impression : 5081
Imprimé en France